Inhaltsverzeichnis

U. S. Department of Defense, Washington, D. C.

Konferenz von Jalta (v. l.): Premierminister Winston S. Churchill, US-Präsident Franklin D. Roosevelt und Josef Stalin, 9. Februar 1945. Hinter Roosevelt dessen Stabschef Admiral W. Leahy; hinter Churchill der Oberbefehlshaber der britischen Mittelmeerflotte, Admiral Sir Andrew Cunningham, und der Chef des britischen Luftwaffenstabes, Luftmarschall Sir Charles Portal; am linken Bildrand die Außenminister Anthony Eden (etwas verdeckt; Großbritannien) und Wjatscheslaw Molotow (Sowjetunion) sowie der amerikanische Russlandexperte und spätere Botschafter in Moskau, Charles Bohlen.

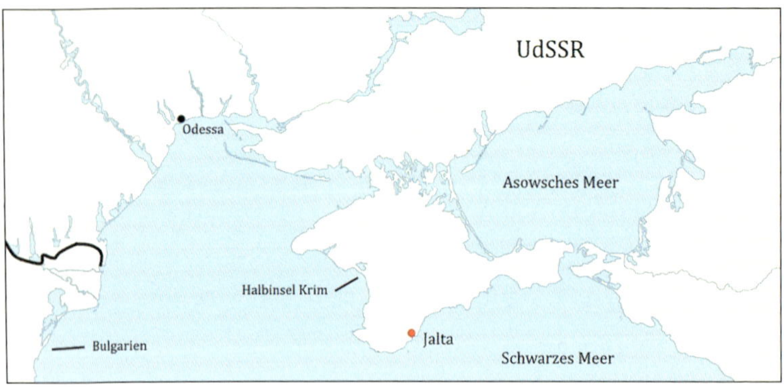

Rolf Steininger

Terminal – Endstation
Die Konferenz von Potsdam
17. Juli – 2. August 1945

Foto LZT

Innenhof von Schloss Cecilienhof in Potsdam.

Die Initiative Churchills

Von seiner bislang weitesten Dienstreise schrieb der neue amerikanische Präsident Harry S. Truman am 16. Juli 1945 einen Brief an seine 92-jährige Mutter und seine Schwester in Grandview, Missouri:

„Liebe Mama und Mary, bin gestern Nachmittag ungefähr um 3:00 Uhr in Berlin gelandet und wurde von den Außenministern und höchsten Funktionären Großbritanniens und Russlands und einem Kontingent amerikanischer Soldaten empfangen, das ich abschreiten musste. Dann wurden wir in ein schönes Haus an einem See bei Potsdam geführt. Es gehörte früher dem Direktor einer Filmgesellschaft, der, wie man sagt, nach Russland geschickt worden ist – warum, weiß ich nicht."

Am nächsten Tag begann im Potsdamer Schloss Cecilienhof, dem Sommersitz des ehemaligen preußischen Kronprinzen, die Konferenz der „Großen Drei": Truman, Sowjetdiktator Josef Stalin, Großbritanniens Premierminister Winston Churchill (Frankreich war nicht vertreten). Von Churchill stammte der vielsagende Codename für eine der wichtigsten und folgenreichsten Konferenzen des 20. Jahrhunderts: *Terminal* – Endstation.

Der britische Premier setzte außerordentlich große Hoffnungen auf dieses Treffen. Den Regierungschefs der britischen Commonwealth-Staaten hatte er zuvor geschrieben: „Dies wird eine schwierige und schicksalhafte Konferenz werden. Die Zukunft Europas und sogar der Frieden der ganzen Welt können sich durch die Ergebnisse unserer Diskussion ändern." Die Hauptfrage, die es zu klären galt, hieß: würde Stalin zu einer langfristigen Zusammenarbeit auf vertrauensvoller Basis mit seinen alliierten Kriegspartnern bereit sein, würde er die getroffenen Abmachungen einhalten und die Rechte der westlichen Alliierten respektieren? Die Aussichten waren nicht gut.

Stalin hatte entscheidende, auf der Konferenz in Jalta im Februar getroffene Vereinbarungen nicht eingehalten: er hatte die deutschen Gebiete östlich von Oder und Neiße eigenmächtig den Polen übergeben und in den von der Roten Armee befreiten osteuropäischen Ländern Kommunisten an die Macht gebracht, in Polen bürgerliche Politiker verhaften lassen.

Churchill hatte einst befürchtet, die Rote Armee könnte von Stalin an der östlichen Reichsgrenze angehalten werden, um den Westalliierten die Eroberung des Reiches und damit die Hauptlast des Kampfes zu überlassen. Im Frühjahr 1945 war er über die Entwicklung in Europa tief beunruhigt, gleichzeitig aber entschlossen, die Gegensätze mit Stalin auszutragen. Selbst in der Niederlage blieb Deutschland der Schlüssel für die Zukunft Europas. Wer Deutschland beherrschte, beherrschte Europa. Um Druck auf Stalin auszuüben, sollten die anglo-amerikanischen Truppen, die in Deutschland weit in der für die Sowjetunion vorgesehenen Besatzungszone standen, vorerst nicht zurückgezogen werden.

In zwei Telegrammen an Truman zeichnete Churchill ein düsteres Bild von Europa, das, so in seinem ersten Telegramm vom 11. Mai, „vom Nordkap [...] bis zum Isonzo" in der Hand der Russen sei: Polen, ein großer Teil Österreichs und Deutschlands, die ganze Tschechoslowakei, ganz Ungarn, Rumänien, Bulgarien, Jugoslawien und damit alle großen Hauptstädte Mitteleuropas: Berlin, Wien, Budapest, Belgrad, Bukarest und Sofia. Es handele sich um einen Vorgang, „für den es keine Parallele gibt und der von den Alliierten in ihrem langen und gefährlichen Kampf nicht in Betracht gezogen wurde". Am 12. Mai wurde Churchill noch deutlicher. Es ist jenes berühmte Telegramm, in dem er zum ersten Mal jenen Ausdruck benutzte, der zum Schlagwort für eine ganze Epoche wurde: Eiserner Vorhang.

Es sei unbedingt nötig, sich Klarheit über die wahren Absichten Stalins zu verschaffen und zu verbindlichen Abmachungen mit der Sowjetunion zu kommen, „ehe wir unsere Armeen bis zur Ohnmacht schwächen und uns auf unsere Besatzungszonen zurückziehen". Ein Treffen auf höchster Ebene mit Stalin sei die einzige Art und Weise, das zu erreichen.

Churchill wollte sogleich nach Washington reisen, um mit Truman Maßnahmen zur Abwehr der kommunistischen Expansion zu erörtern. Aber Truman winkte ab und schickte ihm stattdessen seinen Sonderbotschafter, Joseph E. Davis, ehemaliger Botschafter in Moskau. Dessen Bericht über sein Gespräch mit Churchill war aufschlussreich:

„Ich sagte freimütig – nachdem ich ihn so heftig über die Gefahr sowjetischer Vorherrschaft und über die Ausbreitung des Kommunismus in Europa wettern gehört und nachdem ich einen solchen Mangel an Vertrauen in die Ehrlichkeit der sowjetischen Führerschaft festgestellt habe – , ich hätte mich gefragt, ob er, der Premierminister, nun der Welt erklären wolle, dass er und England einen Fehler gemacht hätten, indem sie Hitler nicht unterstützten, denn er vertrete – wie ich ihn verstünde – nun die Doktrin, die Hitler und Goebbels verkündet und in den letzten vier Jahren immer wiederholt hätten, um die alliierte Einigkeit zu zerbrechen und um zu teilen und zu erobern."

Während Davies in London war, hielt sich Harry Hopkins im Auftrag Trumans in Moskau auf. Im Gespräch mit dem ehemaligen Berater Roosevelts war Stalin freundlich, aber unnachgiebig: er machte den Rückzug der anglo-amerikanischen Truppen in Deutschland zur Bedingung für ein Gipfeltreffen. Hopkins war ebenso misstrauisch wie Churchill. Er warnte Truman: „Die gleichen Worte bedeuten für die Russen nicht das gleiche wie für uns." Das war eine Erfahrung aus der Konferenz von Jalta, an der Hopkins teilgenommen hatte.

Harry S. Truman war zu diesem Zeitpunkt erst wenige Tage im Amt. Aus Parteiproporzgründen hatte er im Herbst 1944 als Senator für Missouri für das Amt des Vizepräsidenten unter Präsident Roosevelt kandidiert. Als er am 12. April 1945 den Eid auf die Verfassung ablegte, ahnten nur wenige, dass mit diesem Mann eine der überzeugendsten Persönlichkeiten in der amerikanischen Geschichte ins Weiße Haus einziehen und einer ganzen Ära ihren unverwechselbaren Stempel aufdrü-

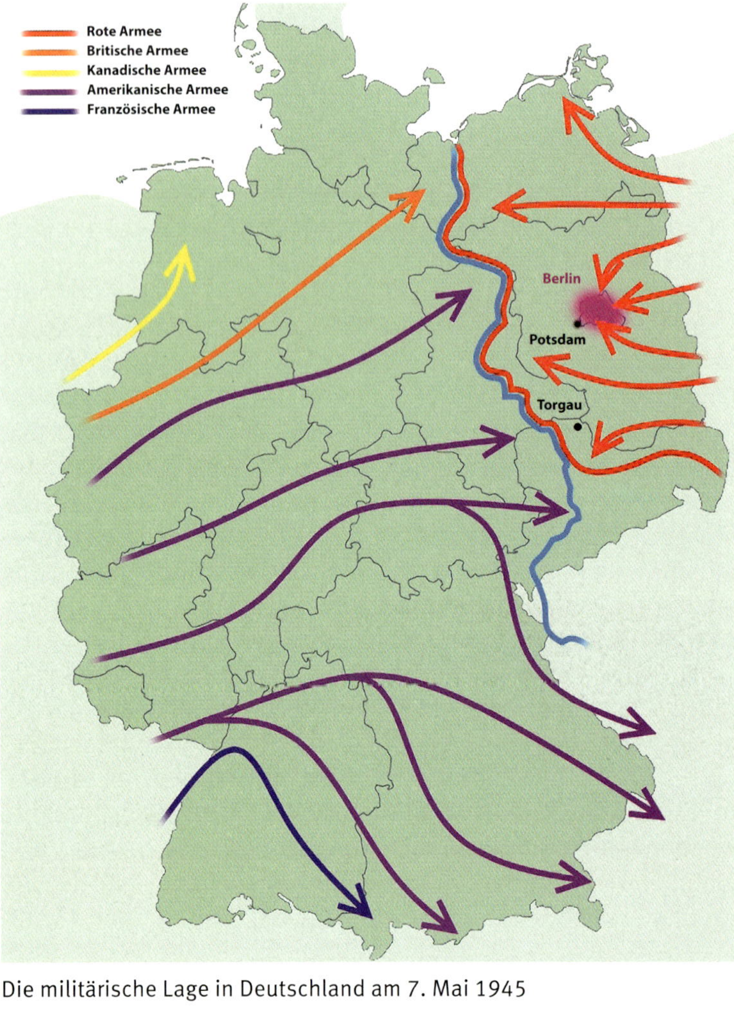

Die militärische Lage in Deutschland am 7. Mai 1945

cken würde. In einer internen Sitzung verkündete er im April 1945, im Zusammenhang mit der Gründung der UNO, die Maxime seines Handelns: „Wenn die Russen nicht mit uns mitmachen wollen, dann sollen sie sich zum Teufel scheren." Einmal von Roosevelt getroffene Abmachungen mussten seiner Meinung nach aber eingehalten werden. So stimmte er dem Konferenzvorschlag Churchills zwar zu, lehnte es aber ab, den Rückzug der eigenen Truppen aus der Sowjetzone hinauszuzögern.

Zur Überraschung der Sowjets und zum Entsetzen der Einwohner verließen die angloamerikanischen Truppen Anfang Juli Thüringen, Sachsen und Mecklenburg. Im Abstand von drei bis fünf Kilometern rückte die Rote Armee nach. Erst dann konnten die westalliierten Truppen in Berlin einziehen; ein Vorgang, der in der gesamten Weltpresse mit großer Aufmerksamkeit registriert wurde. Zum ersten Mal seit Kriegsende erhielt die Welt einen Einblick in das Leben unter russischer Besatzung. Während sich Briten und Amerikaner in den Westsektoren Berlins einrichteten – erst am 15. August übernahmen die Franzosen ihren Sektor –, ging Präsident Truman in Newport News, Virginia, an Bord des Kreuzers USS *Augusta,* der ihn nach Europa bringen sollte.

U. S. Department of Defense, Washington, D. C.

In Torgau an der Elbe kommt es am 25. April 1945 zu jenem historischen Treffen zwischen amerikanischen und sowjetischen Soldaten. Man feiert den bevorstehenden Sieg.

Süddeutsche Zeitung Photo, euroluftbild.de, 00785311

Luftaufnahme von Schloss Cecilienhof, 1990.

Ort und Termin der Konferenz

Schon die Wahl des Konferenzortes und die Festlegung des Zeitpunktes der Konferenz hatten Schwierigkeiten bereitet. Churchill war der Meinung gewesen, dass nach den Konferenzen von Teheran im November 1943 und Jalta im Februar 1945 jeweils mit Stalin als Gastgeber der Sowjetdiktator diesmal in den Westen kommen müsse. Truman hatte Alaska vorgeschlagen; schließlich ließ man sich davon überzeugen, dass Stalin auf zuverlässige Nachrichtenverbindungen mit Moskau angewiesen sei: er hatte Berlin vorgeschlagen. Es wurde dann Potsdam. In Berlin hätten die Delegationen – allein 150 Journalisten begleiteten Truman – nicht untergebracht werden können: die Stadt war völlig zerstört, ein einziger Trümmerhaufen.

nsf/Alamy Stock Photo, DH2E05

Der USS *Augusta* (links) mit US-Präsident Harry S. Truman an Bord.

Wikipedia Commons

Stalins Sonderzug für die Potsdamer Konferenz.

Die Akteure: Truman, Churchill, Stalin

Die Fahrt der USS *Augusta* nach Europa dauerte acht Tage, in denen sich Truman intensiv auf die Konferenz vorbereitete. Zweimal täglich fanden an Bord Lagebesprechungen statt, abends entspannte sich der 61-jährige Präsident beim Pokerspiel. Er fuhr nur unwillig zur Konferenz mit Stalin, gab sich aber dennoch gelassen, schließlich war er der Repräsentant *der* Weltmacht schlechthin. Alles deutete darauf hin, dass das 20. Jahrhundert zu einem amerikanischen Jahrhundert werden würde. Amerika hatte nicht nur die geringsten Verluste im Krieg erlitten, der Krieg hatte auch noch Wohlstand gebracht. Drei Viertel des auf der Welt investierten Kapitals und zwei Drittel der gesamten Industriekapazität befanden sich in den USA. Das amerikanische Volk war besser genährt und reicher als alle übrigen Völker der Welt: Das jährliche Pro-Kopf-Einkommen lag bei fast 1500 Dollar, während es in keinem europäischen Land 800 Dollar überstieg.

Im Pokerspiel mit Stalin hielten Amerikaner und Briten allerdings nur wenige, dafür aber, so schien es zumindest, um so wichtigere Trümpfe in der Hand: Stalin benötigte für den Wiederaufbau seines zerstörten Landes Kredite und Reparationen. Kredite konnten nur die USA zur Verfügung stellen; die wichtigsten Industrieanlagen zur Befriedigung der sowjetischen Reparationsforderungen lagen in den Westzonen Deutschlands. Außerdem besaß man die deutsche Flotte, von der Stalin einen Teil für sich beanspruchte.

Am gleichen Tag wie Truman – am 15. Juli – traf auch Churchill in Berlin ein. Der britische Premier hatte einen harten Wahlkampf hinter sich. Churchill hatte für den 5. Juli Unterhauswahlen ausgeschrieben, obwohl er damit noch bis Oktober hätte warten können. Er wollte seine Popularität ausnutzen: sämtliche Meinungsumfragen hatten einen Sieg der Konservativen vorausgesagt. Das Ergebnis selbst aber würde erst am 26. Juli bekannt gegeben werden können, da das Einsammeln und Auszählen der Stimmzettel der im Ausland stationierten Soldaten seine Zeit dauerte.

Churchill litt unter der Ungewissheit des Wahlausgangs; zeitweise fühlte er sich als Sieger, dann wieder als Verlierer. „Diese Wahlgeschichte" so sagte er selbst, „kreist über mir wie ein Geier in der Luft." Churchill lud den Führer der oppositionellen Labour Party, Clement Attlee, ein, mit zur Konferenz zu kommen. Attlee, der zwei Jahre lang den für die britische Nachkriegsplanung zuständigen Kabinettsausschuss geleitet hatte, nahm die Einladung an. Auch für den Fall einer Wahlniederlage Churchills war somit zumindest die Kontinuität der britischen Position in Potsdam gesichert.

Am Morgen des 17. Juli traf Stalin mit einem Sonderzug in Berlin ein. Seine Hauptziele für die Konferenz standen fest:

1. 10 Milliarden Dollar Reparationen;
2. Viermächte-Kontrolle des Ruhrgebietes;
3. Anerkennung der Oder-Neiße-Linie – die westliche Neiße – als neue polnische Westgrenze;
4. Anerkennung Osteuropas als sowjetisches Einflussgebiet.

Darüber hinaus wollte er die Hälfte der deutschen Kriegs- und Handelsflotte und – offensichtlich als mögliches Handelsobjekt – Beteiligung an der internationalen Verwaltung Tangers (Nordafrika), eine Militärbasis an den Dardanellen, Einfluss in Syrien und dem Libanon sowie das Mandat über die ehemalige italienische Kolonie Tripolitanien, das heutige Libyen. *Seine* Trumpfkarte: 300 Divisionen, die in der Mitte Europas standen.

Die Atombombe

Einen Tag vor Beginn der Konferenz hatte Truman die erwartete Nachricht erhalten: am 16. Juli war in Alamogordo in New Mexico die erste Atombombe erfolgreich gezündet worden. Die Nachricht darüber hatte ihn in höchste Erregung versetzt. Kriegsminister Henry Stimson notierte: „Der Präsident war ungeheuer aufgekratzt und sprach immer wieder mit mir darüber, wenn wir zusammenkamen. Er sagte, es gebe ihm ein völlig neues Gefühl der Zuversicht." Wenig später versicherte Stimson, die Atombombe verbinde sich mit den amerikanischen Handlungen auf allen Gebieten. Truman war jetzt erst recht davon überzeugt, die Konferenz in seinem Sinne entscheiden zu können.

Wikimedia Commons

Atompilz über Hiroshima am 6. August 1945.

Photo 12 / Alamy Stock Photo, CW6E05

Robert Murphy, der politische Berater von General Dwight D. Eisenhower, bei seiner Ankunft in Potsdam am 15. Juli 1945.

Grundsätze für die Behandlung Deutschlands

Der US-Botschafter in Moskau (1943–Januar 1946) und Berater Trumans, W. Averell Harriman, sprach von den Russen von nun an nur noch von „jenen Barbaren". Schon vorher hatte er auf die kulturellen Unterschiede zu den Sowjets hingewiesen und gegenüber Truman an einer Stelle gemeint, der Vorstoß der Roten Armee nach Europa komme einer „Invasion durch die Barbaren" gleich. Für ihn stand fest: „Die russischen Pläne zur Errichtung von Satellitenstaaten stellen eine Bedrohung für die Welt und für uns dar. Wenn die Sowjetunion erst einmal die Kontrolle über ihre Nachbarregionen erlangt hat, wird sie versuchen, die nächsten angrenzenden Länder zu durchdringen." Roosevelt wollte trotzdem mit Stalin weiter zusammenarbeiten, um seine Vorstellung von der *one world* zu realisieren; er war sogar bereit, den von ihm *Uncle Joe* genannten Stalin in das Geheimnis der Atombombe einzuweihen – entgegen Churchills Rat. Nach wie vor war es sein Ziel, dass die drei Mächte – USA, Sowjetunion, Großbritannien – „Deutschland und Japan für etliche Jahre kontrollieren sollten". Churchills Warnungen mit Blick auf Stalin hatte Roosevelt am 11. April – einen Tag vor seinem Tod – folgendermaßen beantwortet: „Ich würde das allgemeine sowjetische Problem soviel wie möglich herunterspielen. Wir müssen jedoch festbleiben, und unser Kurs ist soweit richtig." Das war er offensichtlich nicht. Das Misstrauen auf westlicher Seite verstärkte sich jedenfalls. Und der republikanische Senator Arthur H. Vandenberg, der Vorsitzende des Senatsausschusses für außenpolitische Beziehungen, hatte mit Blick auf die von Präsident Roosevelt gegenüber Stalin eingenommene Haltung am 12. April geschrieben:

„Die Revolte gegen jede weitere Beschwichtigung [*appeasement*] der Sowjets wächst."

Öffentlich formulierte die republikanische Abgeordnete im Repräsentantenhaus, Claire Boothe Luce, die Stimmung in ihrer Partei. Ende Mai sprach sie öffentlich von der „unmoralischen Natur des Kommunismus" und beschuldigte die sowjetische Führung, die Völker Mittel- und Südosteuropas zu unterjochen. Und dann weiter: „Es darf nicht dabei bleiben, dass es zwei Welten gibt, wie es heute der Fall ist – die Welt des Totalitarismus und die Welt der demokratischen Ideale. Diese zwei Welten sind verurteilt, in Konflikt miteinander zu geraten. Es muss – und es wird – *eine* Welt geben."

Schon vorher hatte der stellvertretende US-Außenminister Joseph C. Grew geschrieben: „Ein zukünftiger Krieg mit Sowjetrussland ist so sicher wie nur irgendetwas in dieser Welt."

Die Briten sahen das ähnlich. Erklärungen des langjährigen sowjetischen Botschafters in London, Ivan Maisky, mit Blick auf die russischen „Barbaren", seine Landsleute seien schon immer weit hinter der westlichen Zivilisation zurück gewesen, wiesen die Briten als „billiges Alibi für alles" inzwischen zurück. Der Leiter der Mitteleuropaabteilung im Foreign Office, Frank Roberts, der in Jalta mit dabei gewesen war und seitdem in Moskau tätig war, plädierte für ein Umdenken. Die Sowjetunion müsse als eine Macht gesehen werden, „die für unser Land potenziell genauso gefährlich ist wie Deutschland vor 1939". Die Annahme, dass Moskau sich mit dem zufriedengeben werde, was es erreicht habe, sei „Wunschdenken", solange die Politik des Kreml von jenen „rücksichtslosen und hinterlistigen Personen bestimmt wird, die im Politbüro sitzen und denen nicht zu trauen ist", kabelte er nach London. Bei Churchill lief er damit offene Türen ein.

An einen offenen Bruch mit der Sowjetunion war zu diesem Zeitpunkt allerdings noch nicht zu denken. Noch brauchte man die Sowjets im Kampf gegen Japan, zumal ein Erfolg der Atombombe nicht sicher war. „Sie wird nicht funktionieren", meinte Admiral William Leahy, Stabschef Roosevelts und dann auch Trumans, im März, und er ergänzte: „Und ich bin Experte."

Hinzu kam, dass die öffentliche Meinung in den USA weiter für eine Zusammenarbeit war. Am 26. Mai wurde Präsident Truman das Ergebnis einer Meinungsumfrage übermittelt. Auf die Frage: „Meinen Sie, wir sollten nach dem Krieg weiterhin mit Russland zusammenarbeite?“, hatten 72 % mit Ja und lediglich 13 % mit Nein geantwortet.

Die Russen waren das eine, die Deutschen das andere. Trotz aller unterschwelligen Spannungen mit Blick auf die Sowjetunion war gegenüber den Deutschen auf der Konferenz nicht mit Milde zu rechnen – auch nicht von Seiten der Westmächte. „Noch hasste und fürchtete der ganze Kontinent Deutschland mehr als Russland,“ wie es Robert Murphy, der politische Berater des amerikanischen Oberbefehlshabers in Deutschland, Dwight D. Eisenhower, formulierte. Wer damals deutsch sprach, hatte schlechte Karten. Zu frisch war die Erinnerung an die zahllosen Gräueltaten der Nazis, zu einem Zeitpunkt, als überall in Deutschland noch die ersten Filme von den befreiten Konzentrationslagern gezeigt wurden.

So einigte man sich in Potsdam schnell auf bestimmte Grundsätze zur zukünftigen Behandlung Deutschlands, die schon seit der Konferenz von Jalta unstrittig waren: Entwaffnung, Entmilitarisierung, Entnazifizierung, „demokratische“ Umgestaltung des Erziehungs- und Gerichtswesens, Wiederaufbau des politischen Lebens und der lokalen Selbstverwaltung ebenfalls nach „demokratischen“ Grundsätzen. Übermäßige Konzentration der Wirtschaft sollte vernichtet und „das Hauptgewicht auf die Entwicklung der Landwirtschaft und der Friedensindustrie für den inneren Bedarf“ gelegt werden. Es sollte keine deutsche Regierung geben, allerdings zentrale Verwaltungsstellen für Finanzen, Transport, Verkehr, Außenhandel und Industrie unter der Leitung von Deutschen, die die Politik des Alliierten Kontrollrats umsetzen sollten. Einzelne Formulierungen wurden wörtlich den „Richtlinien für die amerikanische Delegation“ entnommen, was bei den Amerikanern später den Eindruck verstärkte, die Konferenz sei für sie ein voller Erfolg gewesen.

Süddeutsche Zeitung Photo, 00066309

Beginn der Demontagearbeiten bei der Gelsenberg AG. Die Abbaukolonne wird auf dem Werksgelände zur Arbeit eingeteilt.

Die Reparationen

In allen Beratungen rückte eine Frage immer mehr in den Mittelpunkt, deren Lösung entscheidend für das Schicksal Deutschlands werden sollte: die Reparationen. Keiner der „Großen Drei" sprach in Potsdam noch von der Zerstückelung Deutschlands in Einzelstaaten, wie das noch in Jalta der Fall gewesen war. Diese Frage galt inzwischen als erledigt. Als das Thema Reparationen von Stalin angeschnitten wurde, stand für Churchill fest, dass die Idee eines einheitlichen Deutschland nicht mehr existierte. Die Sowjets hatten seiner Meinung nach ihre Zone schon zu diesem Zeitpunkt ausgeplündert und erwarteten nun, dass die Briten und Amerikaner in ihrer Zone dasselbe tun würden, um sowjetische Bedürfnisse zu befriedigen. Die Amerikaner sahen das ähnlich. In einem offiziellen Bericht hieß es, das russische Vorgehen komme „organisiertem Vandalismus" gleich, der sich nicht nur gegen Deutschland, sondern auch gegen die amerikanischen Besatzungsstreitkräfte richte.

Als Stalin die Forderung, die er schon auf der Konferenz von Jalta gestellt hatte, wiederholte – 10 Milliarden Dollar für die Sowjetunion (nach heutigem Wert etwa 100 Milliarden Dollar) –, lehnten Amerikaner und Briten dies als unannehmbar ab. Intern hieß es, Reparationen in dieser Größenordnung würden in ihren Zonen das wirtschaftliche Chaos in einem Maße erhöhen, das dem Kommunismus dort Tür und Tor öffnen würde; zum andern wären die Zonen nicht mehr in der Lage, sich selbst ohne fremde Hilfe zu erhalten. Hilfe aber könnte nur von den USA kommen, mit anderen Worten: die USA würden letztlich die Reparationen für die Sowjetunion zahlen. Das aber war nicht machbar. Seiner Frau Bess schrieb Truman: „Der Weihnachtsmann ist tot. Amerika wird niemals wieder Reparationen zahlen, die ganze Welt ernähren und als Dank dafür einen auf die Nase bekommen."

Die Lösung dieses Problems klang simpel und harmlos, tatsächlich erwies sie sich für die Einheit Deutschlands als verhängnisvoll. Die Amerikaner schlugen vor, dass jede Besatzungsmacht ihre Reparationsansprüche aus der jeweils eigenen Zone befriedigen sollte, die Sowjetunion darüber hinaus von den Reparationen, die die Westmächte entnehmen würden, 10 Prozent gratis und 15 Prozent im Austausch gegen Sachlieferungen, in erster Linie Lebensmittel, erhalten sollte. Allerdings sollte die Entnahme der Reparationen dem deutschen Volk genügend Mittel belassen, damit es ohne Hilfe von außen existieren konnte.

ullstein bild, 00263636

Die „Großen Drei" am 25. Juli 1945 vor der Villa Urbig, dem Wohnsitz Winston Churchills während der Potsdamer Konferenz; v. l.: Churchill, Truman, Stalin. Churchill reist anschließend nach London zur Bekanntgabe des Ergebnisses der Unterhauswahlen. Er kehrt nicht nach Potsdam zurück.

Am 25. Juli wurde die Konferenz unterbrochen. Churchill und Attlee flogen nach London, um am nächsten Tag bei der Bekanntgabe des Wahlergebnisses dabei zu sein. Churchill kehrte nicht mehr nach Potsdam zurück. Der Wahlsieg der Labour Party glich einem Erdrutsch. Die Konservative Partei hatte mehr als die Hälfte ihrer Sitze im Unterhaus verloren und fiel von 432 auf 213 zurück, während die Labour Party die Zahl ihrer Mandate von 154 auf 397 erhöhen konnte. (In absoluten Zahlen nahm sich das Ergebnis allerdings nicht so drastisch aus: auf die Konservativen entfielen 9.988.306, auf die Labour Party 11.995.152 Stimmen.) Noch am selben Tag trat Churchill zurück. Der neue Premierminister hieß Clement

ullstein bild – United Archives, 04914345

Gruppenbild mit dem neuen britischen Premierminister Clement Attlee (vordere Reihe links); neben ihm Harry S. Truman und Josef Stalin. Dahinter (v. l.): der Stabschef Trumans, Admiral W. Leahy, und die Außenminister Ernest Bevin (Großbritannien), James Byrnes (USA) und Wjatscheslaw Molotow (Sowjetunion).

Attlee, ein „Schaf im Schafspelz“, wie Churchill ihn während des Wahlkampfes einmal nicht besonders freundlich charakterisiert hatte. Der Gewerkschafter Ernest Bevin wurde neuer Außenminister. Sie nahmen am 28. Juli in Potsdam die Plätze von Churchill und Eden ein.

Unter Zeitdruck ging die Konferenz zu Ende. Stalin erkrankte für zwei Tage, in denen die Außenminister der USA, James Byrnes, und der Sowjetunion, Wjatscheslaw Molotow, den „kleinen Kuhhandel“ perfekt machten, wie Byrnes seinen Vorschlag intern nannte: Bei Annahme des amerikanischen Reparationsplanes durch die Sowjets und Aufnahme des westlich orientierten Italiens in die UNO würden Amerikaner und Briten die von den Sowjets gewünschte Oder-Neiße-Linie anerkennen. Molotow erkannte die Tragweite, die dieser Vorschlag für die Einheit Deutschlands haben konnte.

Am 31. Juli waren sich Truman und Stalin einig, auch Attlee stimmte der Vereinbarung schließlich zu. Am selben Tag schrieb der amerikanische Präsident an seine Frau: „Die Reparationen sind das entscheidende Problem. Natürlich sind die Russen von Natur aus Plünderer.“ Aber er erkannte auch an, „dass sie von den Deutschen ausgeplündert worden sind und man sie jetzt nur schwer für ihre Haltung bestrafen kann“.

Teilung Deutschlands?

Auch wenn sich möglicherweise nicht alle Konferenzteilnehmer der Tatsache bewusst waren: mit der Reparationsvereinbarung wurde die Teilung Deutschlands beschlossen. Deutschland wurde mit dieser Regelung in ein westliches und ein östliches Reparationsgebiet geteilt. Damit wurde die gleichzeitig bekundete Absicht, Deutschland als „wirtschaftliche Einheit“ zu behandeln, aufgegeben. Was die spätere Teilung Deutschlands betrifft, so kommt der Konferenz von Potsdam daher eine viel größere Bedeutung zu, als dies lange gesehen worden ist. Auf britischer Seite wurde diese Problematik allerdings schon damals sehr deutlich von Konferenzteilnehmern erkannt. So hieß es intern: „Es ist unvorstellbar, dass ein Deutschland, das nicht als wirtschaftliche Einheit behandelt wird, sehr lange als politische Einheit behandelt werden kann.“ Auch der Leiter der Deutschlandabteilung im Foreign Office, John Troutbeck, konnte sich nur schwer vorstellen, „dass eine solche Regelung Deutschland nicht vollständig in zwei Teile teilen wird, so sehr wir auch versuchen mögen, ein solches Ergebnis zu verhindern“.

Für Stalin war Byrnes jedenfalls der „ehrbarste Pferdedieb“, den er jemals getroffen hatte, wie er intern meinte. Am Vormittag des 31. Juli hatte die britische Delegation noch einmal den amerikanischen Vorschlag beraten. Sir David Waley aus dem Schatzamt hatte es dabei als „äußerst beunruhigend“ bezeichnet, dass die amerikanische Regierung die Hoffnung aufgegeben habe, gemeinsam mit den Sowjets Deutschland als „wirtschaftliche Einheit“ zu verwalten. Sie habe offensichtlich den defätistischen Standpunkt eingenommen, dass die sowjetische Zone als separate Einheit behandelt würde, mit einem niedrigeren Lebensstandard und wenig Möglichkeiten,

Waren mit dem übrigen Deutschland auszutauschen. Er sah für eine Politik der Einheit Deutschlands nur noch geringe Chancen. Im Grunde sei es nur noch möglich,

„mitten durch Deutschland eine Grenze zu ziehen und östlich von ihr alles von Russland verwalten und unter das sowjetische System des Staatssozialismus stellen zu lassen und westlich von ihr alles unter britische, amerikanische und französische Verwaltung zu stellen, in der Absicht, sobald wie möglich dort ein normales wirtschaftliches Leben wiederherzustellen".

Außenminister Bevin hatte keinen Sinn mehr darin gesehen, weiter mit den Amerikanern über diesen Punkt zu verhandeln. Er hoffte auf die vereinbarten zentralen Verwaltungsstellen und auf Abmachungen mit den Sowjets.

U. S. Department of Defense, Washington, D. C.

Plenarsitzung in der Halle von Schloss Cecilienhof; am Konferenztisch rechts Truman (rechts von ihm James Byrnes, Admiral Leahy, links Charles Bohlen); ihm gegenüber Stalin (rechts von ihm W. Molotow, links zweite Reihe W. Semjonow, I. Maisky, A. Gromyko,); vorne Churchill (rechts von ihm A. Eden, zweiter von links C. Attlee).

Die Amerikaner hatten ihren Vorschlag ohne Konsultation der Briten – sehr zu deren Ärger – präsentiert. Eine Ablehnung hätte das Scheitern der Konferenz bedeutet. Die Briten akzeptierten den amerikanischen Vorschlag – und hielten sich damit zumindest für einen Teil Deutschlands alle Optionen offen. Mit diesem Vorschlag war gleichzeitig auch ein anderes Problem gelöst, nämlich die Forderung der Sowjets nach einer Viermächtekontrolle des Ruhrgebietes. In der Sitzung am 31. Juli einigte man sich darauf, dieses Thema dem zukünftigen Außenministerrat zuzuweisen, wobei auf britischer Seite von Anfang an klar war, das sowjetische Verlangen zurückzuweisen. Intern hieß es dazu: wenn man den Russen in Ostdeutschland freie Hand lasse, „dann heißt die Gegenleistung für uns: freie Hand im Westen. Wenn wir die Russen im Ruhrgebiet haben, dann können wir jede Hoffnung auf einen Zusammenschluss der westlichen Nationen, der uns noch etwas nützt, aufgeben!"

Mittel- und Osteuropa. Vergleich zwischen Anfang 1939 und Ende 1955.

Die Oder-Neiße-Linie

Ein anderes großes Thema war die Frage der Oder-Neiße-Linie, d. h. die künftige Westgrenze Polens. Darüber kam es während der Konferenz zu heftigen Auseinandersetzungen. Auf der Konferenz in Teheran im November 1943 hatten sich die „Großen Drei" auf eine „Westverschiebung" Polens geeinigt, d. h. der Rückgabe jener Gebiete an die Sowjetunion zugestimmt, die Polen 1921 erobert hatte, nämlich Teile der Ukraine und Weißrusslands. Polen sollte durch deutsche Gebiete kompensiert werden, allerdings nicht mit dem, was jetzt Stalin und die Polen forderten. Churchill sprach sich entschieden gegen eine zu weite Ausdehnung Polens nach Westen aus, wobei im Zusammenhang mit der Vertreibung der Deutschen weniger humanitäre Gründe eine Rolle spielten als die wirtschaftlichen Folgen, die er befürchtete „Sie bringen ihre hungrigen Mägen mit", wie er es auf seine Art auf der Sitzung am 25. Juli formuliert hatte. Stalin antwortete nur, dass es in den abgetretenen Gebieten keine Deutschen mehr gebe; sie seien alle „fortgegangen"; tatsächlich hatte er alle Deutschen in einem Streifen von 100 bis 200 Kilometern östlich von Oder und Neiße vertreiben lassen.

Die Sowjets und auch die Vertreter Polens, die auf Drängen Stalins ihre Forderungen auf der Konferenz vortragen konnten, bestanden auf der Oder-Neiße-Linie, und zwar der westlichen, der Görlitzer Neiße. Die Gebiete östlich dieser Linie hatte Stalin bereits im April entgegen der Vereinbarung von Jalta durch die Errichtung von vier Woiwodschaften der sowjethörigen polnischen Regierung übergeben. Die polnische Delegation sprach darüber hinaus von höchstens anderthalb Millionen Deutschen, die sich noch in diesen Gebieten aufhielten und von denen man erwarte, dass sie „freiwillig" gehen würden. Darüber, dass es über fünf Millionen waren, wurde nicht weiter diskutiert. Hatten die Amerikaner bis zu diesem Zeitpunkt auf der östlichen Neiße, der Lausitzer Neiße, bestanden, so akzeptierten sie mit der Reparationsregelung jetzt auch die Görlitzer Neiße. Der Vorbehalt bei diesem „Kuhhandel", dass nämlich „die endgültige Festlegung der Westgrenze Polens bis zur Friedenskonferenz zurückgestellt" werden sollte, hatte nur Alibifunktion und war ein Lippenbekenntnis, da Briten und Amerikaner gleichzeitig der Umsiedlung der Deutschen aus Polen, der Tschechoslowakei und Ungarn „in ordnungsgemäßer und humaner Weise" zustimmten. Niemand in Potsdam konnte ernsthaft daran glauben, dass diese Umsiedlung, die letztlich zu einer Barbarei der Vertreibung wurde, durch einen Friedensvertrag rückgängig gemacht werden könnte, zumal die Alliierten die Vertriebenen auch sofort auf die vier Zonen verteilten.

Die „vorläufige" Oder-Neiße-Grenze wurde erst in den folgenden Jahren des Kalten Krieges von den Anglo-Amerikanern als Trumpfkarte gegenüber der Sowjetunion benutzt: auf der Außenministerkonferenz im Frühjahr 1947 in Moskau forderten die Amerikaner eine Revision dieser Grenze und trugen damit entscheidend zum Scheitern jener Konferenz bei. Fünf Jahre später erfüllte die gleiche Frage erneut dieselbe Funktion im Zusammenhang mit der berühmten „Wiedervereinigungs-Note" Stalins vom 10. März 1952. In ihrer Antwortnote verwiesen die Westmächte ausdrücklich auf die Potsdamer Regelung. Der britische Botschafter in Moskau hatte empfohlen, diese Karte zu spielen, mit der man möglicherweise die Sowjets übertrumpfen könne. Außenminister Eden hatte damals am Rand des Telegramms notiert: „*good*".

Bereits 1950 erkannte die DDR-Regierung im „Görlitzer Abkommen" mit Polen die Oder-Neiße-Grenze als endgültig an. Die Bundesregierung erkannte sie 1970 im Warschauer Vertrag als faktisch „unverletzlich" an. 1990 verlangten die Sieger von Deutschland als Voraussetzung für die Wiedervereinigung die endgültige Anerkennung dieser Grenze. Die Forderung wurde im „Zwei-plus-Vier-Vertrag" verankert und im Dezember 1990 von der gesamtdeutschen Regierung mit Polen bestätigt.

Weitere Entscheidungen

Stalin konnte am letzten Tag der Konferenz noch einen Erfolg für sich verbuchen: im Zusammenhang mit deutschen Kapitalanteilen und Auslandsinvestitionen erkannten Truman und Attlee de facto zum ersten Mal an, dass auch Finnland, Ungarn, Rumänien und Bulgarien zum sowjetischen Interessengebiet gehörten. Laut Protokoll meinte Stalin, bei diesem Thema „solle vielleicht die Demarkationslinie zwischen der sowjetischen und den westlichen Besatzungszonen als Trennlinie genommen werden: westlich dieser Linie werde alles an die Alliierten kommen, östlich dieser Linie alles an die Russen fallen". Als Truman fragte, ob Stalin eine Linie meine, „die von der Ostsee bis zur Adria verlaufe", bejahte Stalin dies und sagte, „was die Auslandsinvestitionen betreffe, so würden alle Investitionen in Europa westlich dieser Linie an die Alliierten und alle Investitionen in Osteuropa an die Russen fallen". Byrnes ergänzte: „Wie er es verstehe, würden die Russen keine Forderung bezüglich des Auslandsvermögens erheben; es sei denn, es befinde sich in der von der sowjetischen Armee besetzten Zone." Im Protokoll heißt es weiter: „Herr Stalin sagte, er betrachte Finnland als in dieser Zone liegend. Jugoslawien liege nicht in dieser Zone, wohl aber der östliche Teil Österreichs." Damit erhielt die Sowjetunion Zugriff auf das deutsche Auslandsvermögen in ihrer Zone in Österreich. In den folgenden Jahren definierten sie dort fast alles zu „deutschem Eigentum". Die Potsdamer Regelung wurde damit zu einer Art „Freibrief", der der Sowjetunion gestattete, Österreich zehn Jahre auszubeuten. Die Frage stellt sich: hatten die Westalliierten das in Potsdam nicht gesehen? Waren sie so naiv? Etwa genauso naiv wie bei der Abtretung von Königsberg als „eisfreien" Hafen, den Stalin stillschweigend annektiert hatte mit der Begrün-

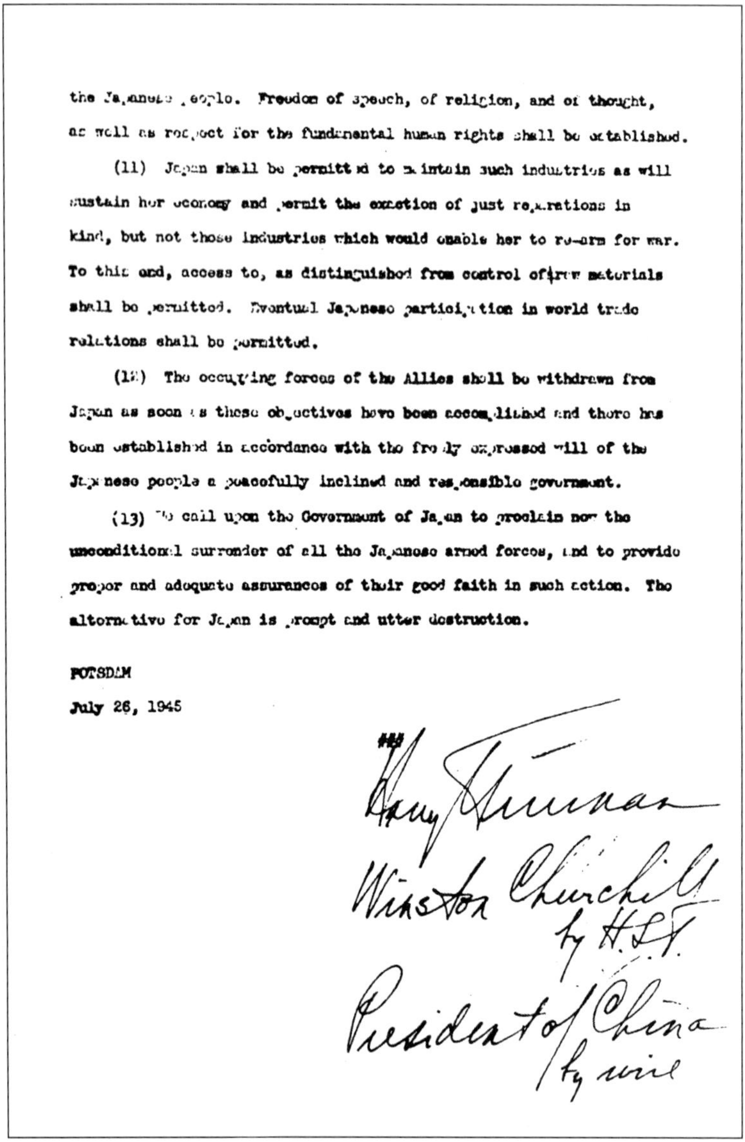
the Japanese people. Freedom of speech, of religion, and of thought, as well as respect for the fundamental human rights shall be established.

(11) Japan shall be permitted to maintain such industries as will sustain her economy and permit the exaction of just reparations in kind, but not those industries which would enable her to re-arm for war. To this end, access to, as distinguished from control of raw materials shall be permitted. Eventual Japanese participation in world trade relations shall be permitted.

(12) The occupying forces of the Allies shall be withdrawn from Japan as soon as these objectives have been accomplished and there has been established in accordance with the freely expressed will of the Japanese people a peacefully inclined and responsible government.

(13) We call upon the Government of Japan to proclaim now the unconditional surrender of all the Japanese armed forces, and to provide proper and adequate assurances of their good faith in such action. The alternative for Japan is prompt and utter destruction.

POTSDAM

July 26, 1945

Harry Truman

Winston Churchill by H.S.T.

President of China by wire

Granger Historical Picture Archive / Alamy Stock Photo, FFD72Y

Dritte und letzte Seite des „Potsdamer Ultimatums“ an Japan mit der Aufforderung zur bedingungslosen Kapitulation.

dung, sein Land benötige einen eisfreien Hafen an der Ostsee? Der Hafen von Königsberg lag etwa 50 km von der Ostsee entfernt, mit der er durch einen Kanal verbunden war, der im Winter nur durch Eisbrecher offengehalten werden konnte.

Als man sich nach Unterzeichnung des Kommuniqués am 2. August trennte, äußerte Truman die Hoffnung, dass man sich in Washington hoffentlich bald wiedersehen werde. Stalins knappe Antwort: „So Gott will." Man sah sich nie wieder.

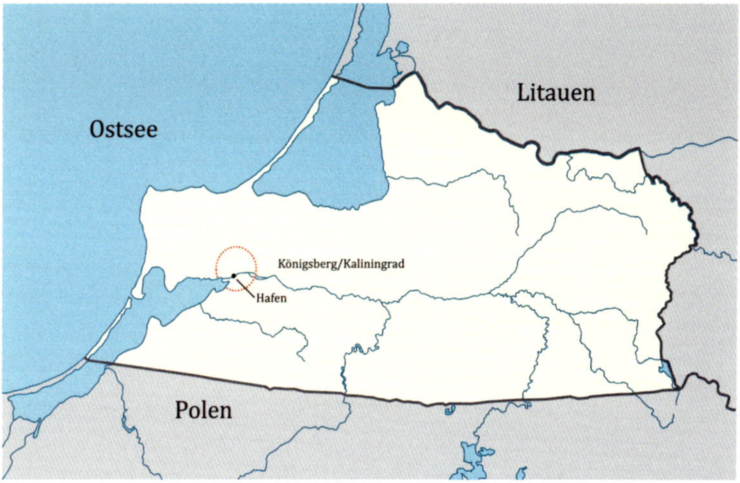

Kaliningrad als Teil der UdSSR.

National Archives II, College Park, Maryland.

Berlin 12. Juli 1945. Militärische Feierlichkeiten an der Grenze zwischen dem sowjetischen und dem britischen Sektor nahe dem Brandenburger Tor anlässlich der Auszeichnung der Marschälle Georgij Schukow und Konstantin Rokossowski sowie anderer Offiziere mit hohen britischen Orden durch Feldmarschall Bernard L. Montgomery. (v. l.): Schukow, Montgomery, Sokolowski, Rokossowski.

United States Army Signal Corps

Parade der britische Armee während der Potsdamer Konferenz, Potsdam, 21. Juli 1945.

Wertung

Auch wenn nicht alle Wünsche Stalins auf dieser dritten und letzten „Kriegskonferenz" erfüllt worden waren: Er verließ Potsdam als Sieger. Molotow nannte das Ergebnis der Konferenz in einem Runderlass am 5. August denn auch „im vollen Maße zufriedenstellend". Truman und Attlee verließen Potsdam in der Überzeugung, das Deutschlandproblem zunächst einmal gelöst zu haben. Das war eine Illusion. Schon die Zeitgenossen werteten die Konferenz unterschiedlich.

Am 1. August informierte Attlee die Regierungschefs der Dominions über Verlauf und Ergebnis der Verhandlungen. Es habe eine Atmosphäre des guten Willens und der Herzlichkeit geherrscht, und man habe die Probleme mit allergrößter Offenheit diskutiert; die drei Delegationen seien sich ihrer Verantwortung für die Zukunft der Welt sehr bewusst gewesen. Die britische Haltung sei in allen wichtigen Fragen von dem Gedanken bestimmt worden, dass die Einheit der drei Alliierten und die Fortsetzung ihrer Zusammenarbeit die erste und bedeutsamste Bedingung für den Erhalt des Weltfriedens seien. Man habe in Potsdam bedeutende Erfolge auf dem Wege zu einem besseren Verständnis zwischen den drei Regierungen erzielt, und die getroffenen Entscheidungen seien eine solide Grundlage für weitere Fortschritte.

Der Ministerpräsident der Republik Südafrika, der greise Feldmarschall Jan Christian Smuts, war über so viel politische Kurzsichtigkeit geradezu erschüttert. Er warnte vor der sowjetischen Gefahr, die sich als neue Bedrohung für Europa und die Welt erhebe und auf die Potsdam ein blindes Auge zu werfen scheine. Auf der Konferenz sei größter Schaden angerichtet worden, denn „Deutschland wird zum Notstandsgebiet in Europa mit einem niedrigen Lebensstandard werden. Dies wird auch auf die umliegenden Länder katastrophale Auswirkungen haben. So entsteht eine Infektionsquelle im Herzen des Kontinents. [...] Potsdam“, so sein Resümee, „ eröffnet eine bedrückende Aussicht.“

Am Abend des 9. August 1945 wandte sich Truman mit folgenden Worten über den Rundfunk an das amerikanische Volk:

„Meine amerikanischen Landsleute. Ich bin gerade von Berlin zurückgekehrt – der Stadt, von der aus die Deutschen die Welt beherrschen wollten. Es ist eine Geisterstadt, die Gebäude liegen in Trümmer, Wirtschaft und Menschen sind ruiniert. Die Deutschen beginnen nun, für ihre Verbrechen zu sühnen und für die Gangster, die sie an die Macht brachten und denen sie rückhaltlos zustimmten und gehorsam folgten.“

Ähnliche Zweifel wie Smuts hatte damals auch der Russlandexperte George F. Kennan, Botschaftsrat an der amerikanischen Botschaft in Moskau. Durch Trumans Botschaft wurden sie noch verstärkt. Kennan, der zwei Jahre später zum Architekten der amerikanischen *containment*-Eindämmungspolitik der USA gegenüber der Sowjetunion wurde, war geradezu entsetzt darüber, dass Truman ein Dokument unterzeichnet hatte, in dem „so dehnbare Begriffe wie ‚demokratisch‘, ‚friedlich‘, ‚gerecht‘“ auftauchten. Dies lief seiner Meinung nach „allem direkt zuwider, was 17 Jahre Russlanderfahrung mich über die Technik des Verhandelns mit der sowjetischen Regierung gelehrt hatten.“ Kennan weiter: „Die Idee, Deutschland gemeinsam mit den Russen regieren zu wollen, ist ein Wahn. Ein ebensolcher Wahn ist es, zu glauben, die Russen und wir könnten uns eines schönen Tages höflich zurückziehen und aus dem Vakuum werde ein gesundes und friedliches, stabiles und freundliches Deutschland steigen.“ Und dann kam eine Schlussfolgerung, die er schon im Januar 1945, wenige Tage vor der Konferenz von Jalta in einem geheimen Schreiben an seinen Freund Charles Bohlen, ebenfalls Russlandexperte, geäußert hatte, nämlich:

„Wir sollten die vollständige Teilung Deutschlands längs der Linie der sowjetischen Besatzungszone als vollendete Tatsache akzeptieren und sofort beginnen, realistisch die Zukunft des Territoriums zu planen, das westlich dieser Linie liegt, und es so früh wie möglich in die Wirtschaft Westeuropas integrieren. Die USA sollten Osteuropa vollständig aufgeben."

Bohlen hatte Kennans Bitte, den Brief nach Lektüre zu verbrennen, nicht erfüllt. Von daher wissen wir, wie sich Kennan schon im Januar 1945 die Zukunft Deutschlands vorstellte. Nach Potsdam sah sich Kennan jedenfalls in seinen Überlegungen mehr als überzeugt. Jetzt notierte er:

„Wir haben keine andere Wahl, als unseren Teil von Deutschland – den Teil, für den wir und die Briten die Verantwortung übernommen haben – zu einer Form von Unabhängigkeit zu führen, die so befriedigend, so gesichert, so überlegen ist, dass der Osten sie nicht gefährden kann. Das ist eine gewaltige Aufgabe für Amerikaner. Aber sie lässt sich nicht umgehen; und hierüber, nicht über undurchführbare Pläne für eine gemeinsame Militärregierung, sollten wir uns Gedanken machen. Zugegeben, dass das Zerstückelung bedeutet. Aber die Zerstückelung ist bereits Tatsache wegen der Oder-Neiße-Linie. Ob das Stück Sowjetzone wieder mit Deutschland verbunden wird oder nicht, ist jetzt nicht wichtig. Besser ein zerstückeltes Deutschland, von dem wenigstens der westliche Teil als Prellbock für die Kräfte des Totalitarismus wirkt, als ein geeintes Deutschland, das diese Kräfte wieder bis an die Nordsee vorlässt."

Diese Äußerungen werden wohl auch deshalb immer wieder zitiert, weil die Entwicklung in Deutschland dann genauso verlaufen ist. Die Frage bleibt, ob es nicht doch andere Möglichkeiten gegeben hat. Die Chance zu einer gesamtdeutschen Politik hätten beispielsweise die zentralen Verwaltungsstellen bieten können, auf deren Einrichtung sich die Konferenzteilnehmer verständigt hatten. Zwar war in der Vereinbarung über das Kontrollverfahren in Deutschland festgelegt, dass die vier Siegermächte (USA, Großbritannien, Frankreich, Sowjetunion) in ihren jeweiligen Besatzungszonen die höchste Regierungsgewalt eigenständig ausüben sollten. Zugleich aber war vereinbart worden, dass sie im Alliierten Kontrollrat „in den Deutschland als Ganzes betreffenden Fragen“ gemeinsam handeln würden. Und gesamtdeutsche Zentralverwaltungen für Finanzen, Transport, Verkehr, Außenhandel und Industrie hätten die Beschlüsse des Kontrollrates einheitlich in den vier Zonen verwirklichen sollen. Doch dazu kam es bekanntlich nicht. Frankreich, das in Potsdam nicht dabei gewesen war, aber Mitglied des Alliierten Kontrollrates mit Vetorecht wurde und noch im August die Potsdamer Vereinbarungen akzeptierte, hatte andere Vorstellungen von der Zukunft Deutschlands und legte in den folgenden Wochen und Monaten in allen Deutschland als Ganzes betreffenden Fragen sein Veto im Alliierten Kontrollrat ein.

In Potsdam war auch der Rat der Außenminister eingerichtet worden. Auf dessen Konferenzen in London (1945 und 1947), Paris (1946) und Moskau (1947) traten dann jene Probleme auf, die in Potsdam mit Kompromissformeln kaschiert worden waren. Deutschland wurde letztlich geteilt – und 1990 wiedervereint. Als endgültig erwies sich allerdings die in Potsdam beschlossene Oder-Neiße-Lösung.

Über die rechtliche Bedeutung der Potsdamer Beschlüsse wurde später lange gestritten. Nach östlicher Interpretation war in Potsdam ein rechtsverbindliches „Abkommen“ geschlossen worden.

Moskaus Vorwurf, die Westmächte hätten das Abkommen in der Folgezeit ständig gebrochen, ist nicht zu halten. So entnahm die Sowjetunion entgegen den Potsdamer Absprachen Reparationen aus der laufenden Produktion und lieferte keine Nahrungsmittel für Reparationen aus den Westzonen, was insbesondere in der britischen Zone zu großen Problemen führte. Die in Potsdam vereinbarte „wirtschaftliche Einheit“ Deutschlands war so nicht erreichbar. Das war dann auch praktisch das frühzeitige Ende der in Potsdam vereinbarten Politik. Aus westlicher Sicht war dafür die Sowjetunion verantwortlich.

Ähnlich auch die Situation im Iran, wo Moskau in Potsdam eingegangene Verpflichtungen nicht einhielt, seine Truppen nicht abzog und stattdessen versuchte, einen kommunistischen Regierungschef zu installieren. Dies, so Truman Anfang 1946 zu Botschafter Harriman, „kann zum Krieg führen". Erst nach massivem amerikanischen Druck kündigte Moskau Ende März 1946 den Truppenabzug innerhalb der nächsten fünf oder sechs Wochen an, zu einem Zeitpunkt, als in London nur noch von der russischen Gefahr, der *Russian danger*, die Rede war, die fast alle außenpolitischen Entscheidungen Großbritanniens bestimmte.

Zwei weitere Entscheidungen von Potsdam hatten historische Bedeutung, die weit über Deutschland und Europa hinausreichten. Zum einen gab Truman von Potsdam aus den Befehl zum Abwurf der Atombomben auf Japan. Damals begann der atomare Wettlauf der beiden Supermächte. Zum anderen ermöglichte die Vereinbarung, dass die Japaner in Vietnam im Norden von den Chinesen und im Süden von den Briten entwaffnet werden sollten, Frankreich die Rückkehr als Kolonialmacht in Indochina – mit weitreichenden Folgen: zunächst dem Indochina-, dann dem Vietnamkrieg.

Wikimedia Commons

Ein indirektes Ergebnis der Konferenz von Potsdam: der Indochinakrieg. Hier französische Fremdenlegionäre mit einem in den USA produzierten Panzer zwischen Haiphong und Hanoi ca. 1954.

akg-images, 1062082

Auch der Vietnamkrieg hat indirekt etwas mit der Potsdamer Konferenz zu tun. – „Huey“-Helikopter und ein AH-1G der US-Armee, kehren nach dem Auftanken im Bu Dop Special Forces Camp zurück, 1970.

Literatur

Darstellungen

Wolfgang Benz, *Potsdam 1945. Besatzungsherrschaft und Neuaufbau im Vier-Zonen-Deutschland*, München 1986.

Ernst Deuerlein, *Potsdam 1945. Ende und Anfang*, Köln 1970.

Charles Mee, *Die Potsdamer Konferenz 1945. Die Teilung der Beute*, München 1979.

Rolf Steininger, *Deutsche Geschichte, Bd. 1: 1945–1947*, Frankfurt am Main 2002 (mit Kapitel 3: Potsdam).

Dokumente

Ernst Deuerlein, *Potsdam 1945. Quellen zur Konferenz der „Großen Drei“*, München 1963.

Dokumente zur Deutschlandpolitik, II. Reihe: Bd. 1: Die Konferenz von Potsdam, bearb. von Gisela Biewer, Frankfurt am Main 1992.

Documents on British Policy Overseas, Ser. 1: 1945– 1950, Bd. 1: The Conference at Potsdam, July– August 1945, London 1984.

Foreign Relations of the United States: Diplomatic Papers. The Conference of Berlin (Potsdam Conference, 1945), 2 vols., United States Government Printing Office, Washington D. C. 1960.

Fernsehdokumentation

Deutschland 1944–1949, Realisation: Heribert Schwan und Rolf Steininger, Zwei Teile, Farbe, ARD 1979 und 1989. Teil 1: 1944–1946, 60 Min.; abrufbar unter www.rolfsteininger.at/

1945: Was soll aus Deutschland werden? Die Potsdamer Konferenz, Video im Youtube-Kanal des Vereins Das Gedächtnis der Nation

Internet

Commons: *Potsdamer Konferenz* – Sammlung von Bildern, Videos und Audiodateien.

Rolf Steininger, *Mitteilung über die Dreimächtekonferenz von Berlin [Konferenz von Potsdam], 2. August 1945*; www.1000dokumente.de/

Potsdamer Konferenz im LeMO-Projekt des Deutschen Historischen Museums.